L'ÉGLISE DE SAINT-LEU-D'ESSERENT

PENDANT

LA RÉVOLUTION

PAR

le Chanoine E. MULLER

BEAUVAIS

IMPRIMERIE DÉPARTEMENTALE DE L'OISE

15, rue des Flageots

—

1906

L'ÉGLISE DE SAINT-LEU-D'ESSERENT

PENDANT

LA RÉVOLUTION

PAR

le Chanoine E. MULLER

BEAUVAIS

IMPRIMERIE DÉPARTEMENTALE DE L'OISE

15, rue des Flageots

—

1906

A MES AMIS

J'écrivais en 1878 : « Voilà bientôt cent ans que la nation française a ressenti les premières secousses de cette Révolution qui continue de substituer à l'ancien ordre de choses les terreurs de l'inconnu. L'ère de 89 avec ses mirages de béatitude universelle, les tyrannies de ses fous furieux, les concessions naïves de ses modérés, les impéritics de ces dormeurs qui ne consentent jamais à prévoir les évènements dans leurs causes, son dessous hideux de grands seigneurs avilis, ses flots de sang, commence à disparaître du souvenir. N'y a t'il point quelque profit à rappeler sa vérité ? Je le crois.

« Aujourd'hui comme alors, les mots dupent notre irréflexion proverbiale ; les peuples rèvent des utopies d'égalité et de bien-être… »

Ce que je craignais, les abus inévitables du suffrage universel tel qu'il est constitué, la recherche des utilités personnelles au détriment du bien général, la satisfaction des appétits et des haines qui montent du fond de toute âme, quand une religion haute et pratique ne commande pas au *moi* humain, bref ce que je craignais a été dépassé en laid.

Sortirons-nous de cet abîme ? La modeste étude que voici, semble me répondre. Elle commence par des récits de religieux chassés, de schisme, d'église et de prieuré ruinés, de triomphes scandaleux, de misères. Mais par contre le Registre qui m'a fourni les éléments de ce travail, renferme cette facture : « Le 30 may 1807, Monsieur L'Escalopier payait par les mains et des deniers de Monsieur l'abbé Martin 108 livres pour un beau Soleil [ostensoir], fourni par Vanier au Grand Saint Jean Rue S. Jacques »... Que ce soit comme une figure et une prophétie !

Un mot sur le style de cette notice. J'ai cru devoir éviter toute manifestation de dégoût ou de colère, si légitime qu'elle fut, en traversant les évènements dramatiques que l'on sait. C'est aussi pour demeurer fidèle au même esprit que, affectant ici un travail de mosaïste, je me suis borné souvent à enchasser entre guillemets le texte même du secrétaire ou de ses correspondants.

Bref, mon travail n'est qu'une contribution petite mais sincère à l'histoire d'une époque qui a été exploitée trop fréquemment avec plus de parti-pris que de loyauté.

E. M.

L'ÉGLISE DE SAINT-LEU-D'ESSERENT

pendant la Révolution

Il est demeuré, parmi les archives municipales de la commune de Saint-Leu-d'Esserent, un gros registre ainsi intitulé : *Registre des Assemblées et Délibérations de la paroisse et commune de Saint-Leu-sur-Oise. Département de Beauvais. District de Senlis.*

Les documents qui sont empilés, avec des proportions et des habiletés de style variables, dans ce recueil, aideront à éclairer l'histoire de l'humble bourg pendant la Révolution et fourniront des sources vives d'informations sur ce que l'on pourrait appeler l'état pathologique des esprits durant cette période discutée. Je me contenterai ici de signaler quelques faits qui regardent particulièrement les affaires religieuses. Le lecteur fera, s'il le trouve bon, des rapprochements et concluera : *Flumina redeunt ad mare ut iterum fluant.*

I

1789, 27 décembre. — A cette date où s'ouvre le Registre d'une façon presque idyllique, l'on distinguait, à Saint-Leu-d'Esserent : le *Prieuré ;* la *Paroisse* sous le vocable de *Saint Nicolas ;* un Hôtel-Dieu succédant à une *Charité ;* et une Ecole double.

Le Prieuré lequel datait de la fin du XIe siècle et était sous la dépendance directe de l'abbaye de Cluny, avait pour prieur commandataire M. l'abbé de Langlade et pour prieur claustral, Dom Rolland. Autour de Dom Rolland se groupaient sept autres religieux.

La paroisse qui avait son centre religieux dans la basse-nef nord de la merveilleuse église du prieuré, était administrée par un des bénédictins du prieuré, Dom Barry, prêtre avisé, énergique et zélé pour maintenir ses frères dans la foi.

Inutile de dire que le petit Hôtel-Dieu perdit, au milieu de la tourmente révolutionnaire, le reste des modiques ressources qu'il devait à la générosité des seigneurs de la Guesdière et de Sauveterre.

Quant à l'école, le choix des instituteurs appartenait à l'assemblée communale. Il amena successivement le « citoyen Dervillé » d'abord instituteur en la commune de Persan, « Claude Foyen et Catherine Lallemand. »

II

1790, 5 février. — Le Prieur Dom Rolland (1) refuse de faire partie de la nouvelle municipalité. Ce religieux mérite une courte biographie. Jacques - Marie Rolland, qui était probablement natif de Villefranche (Rhône), avait entre autres frères, Jean-Marie Roland de la Plàtière, plus célèbre par sa femme que par le rôle assez terne que les événements lui imposèrent, Dom Rolland, avant d'occuper « le beau prieuré de Saint-Leu », avait été prieur de Crépy, d'où le surnom de *Crépysois* que lui donnait volontiers sa belle sœur, puis de Coincy en Champagne. Ajoutons tout de suite qu'il était né le 12 août 1731 et qu'il mourut à Senlis où il s'était retiré depuis au moins une douzaine d'années, rue du Chat Haret, le 13 avril 1807.

Mais voici la lettre par laquelle Dom Rolland s'excusait auprès de la municipalité saint leusienne : « Je vous préviens, Messieurs, que n'ayant jamais eu d'envie d'occuper aucune p'ace ni dans votre municipalité et encore moins dans votre commune, je vous remercie de la place de notable a laquelle vous m'avez nommé dans votre commune. En conséquence je renonce a ladite place et vous laisse libre d'y nommer, quand il vous plaira et qui vous voudrés, lequel acte de démission j'ai déposé au greffe de la municipalité et en ai requis acte. A S. Leu, ce 5 février 1790. »

Cette lettre quelque peu cassante, trahit l'humeur indépendante de la famille Roland et aussi l'homme d'expérience qui flaire les pièges de l'avenir.

---

(1) L'on remarquera les orthographes différentes du nom de Roland. Le prieur signe *Rolland*.

III

Le 3 mars amène la première comparution des religieux du Prieuré devant le Conseil de la municipalité, l'Assemblée nationale ayant estimé, selon la formule de Barnave, que « l'existence des religieux est incompatible avec les Droits de l'homme. »

Donc le maire, Claude Germain, le procureur du Conseil, Etienne Robin, &, durent faire comparoir devant une commission ces enfants de Saint Benoit qui étaient à S. Leu selon la tradition encore vivante, les substituts de la Providence. Voici un extrait du procès verbal.

Dom Philibert Durieux « a déclaré qu'il est titulaire de la sacristie de Pouilly-lès-Feurs en Forèt [Loire]... et qu'il avait résigné son prieuré de S. Gemme en Champagne, diocèse do Soissons, en faveur de D Antoine de la Fond (1), Dom Antoine Lafond confirme la déposition qui précède. Dom Pierre Montenoise dit que « il a la chantrerie du Prieuré de Crépy-en-Valois, mais ne jouit point des revenus ». Suivent les dépositions de Dom Louis de Saint-Sevé et de Dom Jean-Baptiste Barry.

Le dernier déclare : « 1° que la paroisse du dit S. Leu a environ une lieue quarrée de superficie... ; 2° que la population est d'environ 1200 âmes... ; 3° qu'il y a un hameau nommé Boissy... ; 4° que le revenu de cette paroisse consiste dans la portion congrue de 700 livres payée par M. l'abbé De Langlade, prieur commendataire du dit S. Leu ou par ses fermiers ; 5° que lui Dom Barry, en sa qualité de curé, reçoit de la fabrique de la même paroisse, la somme annuelle de 170 livres pour l'acquit des fondations qui consistent en 58 messes hautes, 14 messes basses et plusieurs saluts du Saint-Sacrement ; 6° Qu'il dépend de la cure un petit jardin appelé le jardin du presbitère situé au dit S. Leu contenant environ 25 verges, duquel jardin la communauté des religieux a toujours joui, quoi qu'il appartienne de droit a la cure du dit lieu ; 7° que le casuel de la dite cure, eu égard a la population, seroit avantageux, s'il étoit payé

---

(1) Je suis les orthographes variées et changeantes des noms propres, telles que le registre les fournit.

exactement mais qu'il devient nul, particulièrement depuis qu'il a été supprimé pour les campagnes par un décret de l'Assemblée nationale ; 8° et enfin que de tems immémorial, il n'exis'e point de presbytère au dit S. Leu, attendu que le curé a toujours été nommé parmi les religieux Bénédictins du dit lieu et qu'il a toujours eu comme les autres religieux, son logement dans la maison conventuelle ; pourquoy, en cas de suppression absolue ou vente des biens, maisons et bâtiments dépendants du prieuré du dit S. Leu, il conviendra et sera même nécessaire de pourvoir, soit a la conservation d'un logement pour le curé et son vicaire, soit a la construction d'un presbytère dans le lieu le plus convenable et qu'il paraîtrait naturel de le placer a l'entrée du jardin. »

Dom Jean-Baptiste Preslier « a déclaré être titulaire de la chantrerie du prieuré de S. Nicolas d'Acy-lès-Senlis, duquel bénéfice il ne jouit pas, mais bien les prieur et religieux dudit S. Nicolas ».

Nous indiquons plus bas, autant que nos documents nous ont éclairé, les pays, âge et fin de ces religieux, que la brutalité d'une politique impie allait jeter sur les routes.

Une protestation de l'assemblée de commune du 3 avril contre une requête injurieuse que François Ladvocat avait écrite sur les pages du Registre municipal, était pour les religieux un témoignage d'estime *in extremis*.

Louis-François Ladvocat, vieillard dont les événements irritaient le caractère, accusait les bénédictins du Prieuré d'avoir abusé dans la confection des rôles et des terriers, de la simplicité de Treilhard de Senlis, de Noël le Bel, de Nicolas Dubus maître d'école. La signature « Ladvocat conseiller honoraire au cy-devant grand conseil, ecuyer autrefois et seigneur de Sauveterre, du fief de Grandville à Hermes, de Friencourt en partie etc. » n'en imposa point à l'assemblée : « Considérant qu'un tel écrit est… contraire aux sentiments de considération et de reconnaissance du par les habitans de cette paroisse a MM. les Prieur et religieux pour les vertus qu'ils pratiquent et les secours spirituels et temporels qu'ils ne cessent de leur accorder, etc. » elle décide que le factum sera bâtonné.

IV

4 et 5 mai. — *Inventaire de l'argenterie, de la bibliothèque, etc.*
du Prieuré.

Je copie textuellement ce document.

« En exécution des décrets des 20 février, 19 mars et 20 mars,
a 2 heures de rellevée, il va être procédé par M. Jean Philippe
Levasseur, secrétaire greffier de la dite municipalité a l'état
et description sommaire de l'argenterie, argent monnayé.... »
le tout en présence de dom Jacques Marie Rolland, prêtre,
prieur claustral de la dite maison, dom Philippe Marie Ordinaire,
sous-prieur, dom Jean Baptiste Preslier, dom Philibert Durieux,
dom Jean-Baptiste Barry, curé, dom Pierre Joseph Montenoise,
dom Louis de Saint Sevé et dom Antoine Lafond, tous compo-
sant l'universalité actuelle des religieux.

« L'EGLISE qui est très belle et en très bon état. Dans la *nef
collatéralle a gauche* en entrant, se trouvent les fonts baptismaux
en pierre, le banc de l'œuvre en menuiseries (1) ; le surplus de
la nef collatérale est occupé par l'autel de la paroisse et le
chœur (2) entouré d'une grille de fer a hauteur d'appui, le tout
honnêtement paré. A côté d'un pillé (pilier) en face de l'autel
est la chaire pour annoncer la parole de Dieu.

« Dans la *nef collatérale a droite* en entrant se trouvent deux
chappelles dont la première (3) avec un autel et les côtés sont en
menuiserie ; au-dessus de l'autel est un tableau représentant
Ste Gabrielle (4) ; et la seconde (5), appellée la chapelle du
Rosaire dont l'autel est encadré de menuiseries et le devant en
cuivre doré ; les deux chapelles sont fermées de grillage en bois.

---

(1) Ces fonts et ce banc d'œuvre, dorsal et dais, ouvrage charmant du
xv⁰ siècle, ont échappé aux rages de l'armée révolutionnaire.

(2) Chœur de l'au el de la paroisse.

(3) Appliquée à l'édifice près de l'escalier à vis du xiiᵉ siècle qui mène
au clocher, aujourd'hui rasé.

(4) Voir Arch. départ. H. 2166. Il est bien entendu que je respecte
l'orthographe plus ou moins défectueuse de l'Inventaire.

(5) Aujourd'hui petite sacristie.

« A droite et à gauche de l'*entrée du chœur*, sont deux chapelles
en très bon état dont les autels sont entourés de grille de fer a
hauteur d'appui...

« L'entrée du chœur est fermée d'une très belle grille de fer
avec un chapiteau le tout en fer.

« Le *chœur* est garni d'une très belle menuiserie en bois de
chesne avec vingt stales supérieures de chaque côté et quatorze
inférieures aussi de chaque côté. Entre les stales est une aigle en
cuivre servant de pulpitre. Sur les stales se sont trouvés vingt
livres d'église de différents formats. Un chandellier de cierge
pascal en bois doré. Une lampe de cuivre jaune. Le maître-autel
en marbre est garnie de six gros et quatre petits chandeliers de
cuivre et d'un Christ sur sa croix aussi de cuivre. A droite de
l'autel sont trois fauteuils couverts de velours d'Utrechs pour
les officiants, les fauteuils garnis de leur housse de toile a car-
reaux. A gauche, sont quatre petits tabourets pour les enfans
de chœur aussi de velours d'Utrechs couverts d'housses de
pareille toille. Le chœur de la dite église est entouré de grilles
de fer a partir de l'extrémité des stales.

« Dans les *nefs collatérales* [déambulatoire] a droite et a gauche
sont deux grilles de fer pour fermer le chœur.

« Au *rond-point* du chœur [abside] sont cinq chapelles ornées
de menuiseries dont les autels sont, savoir trois en menuiserie,
et les autres de cadre de cuir doré. Les dits autels en bon état.
La chapelle appelée de S. Benoist est fermée par une grille de
fer a hauteur d'appui. Chaque autel des dites chapelles est garnie de son Christ et de deux chandelliers chacun, le tout en
cuivre. L'un des cinq autels ci-dessus a deux chandelliers en
plus. Il y a aussi un Christ et deux chandelliers de cuivre à
chacun des autels de la grille du chœur.

« *Sacristie* a gauche de la nef collatérale [déambulatoire] du
chœur. Cette sacristie est entourée d'une très belle boiserie en
chesne dans laquelle menuiserie sont pratiquées sept armoires.

« Ouverture faite des armoires, il est trouvé dans l'une : 1º six
grands et six moyens chandelliers avec un Christ sur la croix,
le tout de cuivre argenté ; une anssaussoire (encensoir) et sa

navette en argent ; deux burettes aussi en argent et leurs cuvettes ; un soleil [monstrance ou ostensoir] d'argent doré ; une petite boete a saintes huiles aussi en argent ; une châsse de Ste Opportune en cuivre et argent ; une petite châsse sur deux colonnes en cuivre doré ; la châsse de St Leu aussi en cuivre doré et quatre châsses en bois, et une boete a hostie en cuivre argenté. »

Sainte Opportune était à Saint-Leu l'objet d'un culte particulier. Mais continuons la lecture sèche de cet inventaire.

2° « Dans une autre armoire trente aubes communes presque neuves et trente amits ; vingt-quatre nappes d'autels communes, quatre fines, et tous les autels garnis au nombre de dix ; douze aubes fines a grandes dentelles pour les solennités ; vingt surplis, tant communs qu'a dentelles, à l'usage des enfans de chœur ; vingt-quatre corporaux et toutes les bourses de ces ornements garnis de leurs corporaux ; quatre nappes en toille fine pour mettre sur les crédences ; vingt quatre essuie-mains ; quatre soutanes violettes a l'usage des enfans de chœur ; quatre bonnets quarrés pareils ; sept missels, vingt processionnaux et deux porte-missels ;

3° « Dans une autre armoire, un drap en velours avec un galon cisteme ;

4° « Dans une autre armoire deux calisses et leur patel (patène) d'argent, dont l'un en vermeil doré.

« Dans le *chapier* se trouve trois ornements complets, le premier est en drap d'or ; le second est en étoffe de soye broché en or et en argent ; le troisième en blanc et d'une étoffe en or ; une chappe et une chasuble violette ; un ornement noir complet galonné de soye blanche et la chasuble en argent ; quatre chasubles blanches ; quatre autres chasubles vertes, et quatre autres chasubles rouges et deux autres chasubles noires, l'une en velours et l'autre en damas, toutes garnies de leurs étaules, manipules et bourses.

« Dans la dite *Sacristie* se sont trouvées trois tables quarrées de bois de chesne ; deux banquettes couvertes de moquettes avec leurs housses verte et six petits tabourets quarrés de bois de chesne ; deux paires de burettes avec leurs cuvettes d'étain.

« Dans la *nef collatérale* entre le chœur et la sacristie sont deux grands corps d'armoires ; dans l'une se trouve quatre sièges pour les chantres et le célébrant, avec une lampe de cuivre argenté et l'autre est vuide ».

Nous verrons dans la suite de ces notes, le sort qu'ont subi ces objets divers du mobilier religieux de l'église et du prieuré de S. Leu, grilles, reliquaires, vases sacrés, étoffes anciennes, au détriment peut-être de l'art et de la richesse nationale.

« Dans une SALLE ornée d'une très belle boiserie en chesne, garnie de quatre armoires, il s'est trouvé au dessus des boiseries, huit tableaux dont six sujets de dévotion, un représentant Louis quatorze, sa mère et son frère, et le hu'tième et dernier représentant une chasse. Au dessus de la cheminée de la salle est un trumeau de deux glaces, dont le premier a quarante pouces de large sur quarante-deux pouces de haut et l'autre cintré, de treize pouces de haut sur quarante de large. Dans les armoires se sont trouvées différentes parties de vaisselle en faïence, différentes verreries et douze couvercle d'étaing.

« MM. les prieur et religieux ont déclaré qu'ils n'ont point d'argenteries pour le service de leur table, attendu que celles qu'ils avaient, a été par eux portées à la monnaye de Paris, ainsi qu'il résulte d'une reconnaissance qu'ils en ont représentée, signée de Peiron, de Lacoste (1) en datte du vingt deux febvrier d^{er} N^{tée} 2179. Et ont signé.

« Quand les commissaires arrivent à l'Etat de la Bibliothèque, « déclarent MM. les Prieur et religieux qu'ils ne possèdent « dans leur bibliothèque ni ailleurs aucune sorte de manuscrits « ni médailles. »

De fait, lorsque plus tard Puthod de Maison-Rouge, ce capipaine de la garde nationale qui préférait, ce semble, l'étude des antiquités aux tapages de la rue et avait sollicité l'autorisation de recueillir des inscriptions dans les archives des monastères, vint, c'était le 13 octobre, visiter le Prieuré, il laissa sur le Registre municipal, cette note un peu découragée : « Le citoyen François Marie Puthod, commissaire national des monuments est venu faire examen et prendre un aperçu des livres de la

---

(1) Député violent et régicide assez connu.

Bibliothèque des moines. Il n'a rien touché, rien dérangé, rien enlevé.   F. M. Puthod. »

Suivent la visitation des chambres d'hostes de et l'Infirmerie : des Salles d'entrée ; de la procure ; et les comptes lesquels amènent le « chirurgien barbier apotiquaire ».

Les mêmes causes de défiance haineuse contre l'Eglise ont ramené les mêmes effets et, en suivant à travers ces église et monastère, la commission d'inventaire, on pense à des plagiats récents de ces mœurs révolutionnaires.

V

7 mai. — *Continuation de la Comparution des Religieux.*

« Et le Vendredy 7° jour du mois de may » les commissaires ont recueilli les réponses que voici :

1° Le dit Révérend Père Dom Jacques Marie Rolland, prieur claustrat du dit S. Leu, a déclaré que « ayant pris cet état sous les lois civiles et ecclésiastiques, il persiste a y vouloir vivre et mourir ; dé lare en outre qu'étant chez lui, il ne sortira que forcé et contraint, étant déterminé a former opposition a tout ce qui pourrait être a ce contraire, même a la vente des biens dépendant de la dite maison de S. Leu et a signé.

Dom Ordinaire, veut continuer de vivre dans une maison de l'Ordre, réservant de prendre un parti définitif, lorsqu'il aura connaissance des maisons que l'on jugera a propos de conserver et de la pension qui sera adjugée et qu'elle sera hypothéquée.

Dom Preslier préfère se retirer dans son particulier, pour y vivre suivant les lois ecclésiastiques et civiles, conformément au décret de l'Assemblée nationale, sous la réserve de la pension alimentaire que la nation accorde a chaque religieux plus ou moins forte suivant l'âge, etc.

Dom Durieux verra.

Dom Montenoise *item*.

Dom de Saint-Sevé expose qu'ayant volontairement et librement embrassé sous la protection de la loi civile et ecclésiastique un état honnête, il entend y vivre et mourir, conformément aux obligations qu'il a contracté et a cet effet, continuer à demeurer dans la maison conventuelle de S. Leu, en supposant qu'elle sera conservée ou de se retirer dans telle maison qu'il lui sera indiquée, ou enfin, si le cas y échet, de profiter de la liberté et autres avantages assurés aux religieux par les décrets de l'Assemblée nationale sanctionnés par le Roy auxquels il se fera toujours un devoir d'obéir. »

Dom de Lafond verra, ne sachant quelles seront les maisons qui seront conservées ni quel sera le traitement de ceux qui vivront en communauté.

Dom Barry déclare que, « en sa qualité de benedictin, il se soumet a tous les décrets de l'Assemblée nationale, sanctionnés par le Roy, concernant les Ordres religieux et qu'en sa qualité de curé de la paroisse de S. Leu son vœu est d'y continuer sa résidence pour l'exercice de ses fonctions curiales, observant nean· moins [quant au presbytère] etc.

« Puis la vériffication du local de leur maison religieuse » où les officiers municipaux ont reconnu qu'il pouvait y contenir 15 religieux au moins..., les appartements étant d'ailleurs dans le meilleur état. »

VI

24, 25 et 30 mai. — Biens du Prieuré

L'Assemblée nationale ne chômait pas et l'avocat Robin (1) avait toujours à lire et expliquer quelques nouveaux décrets, notamment sur le traitement des ecclésiatiques.

« Il y a » dit-il « à S. Leu quelques autres biens dépendants soit de l'abbaye de S. Germain du Prez, soit du couvent de la Présentation de Senlis (2) et des Dames de la Conception de Paris.

---

(1) Robin (Etienne) était né à Perrecy, district de Charolles (Saône-et-Loire), le 16 mars 1741, s'était fixé à S. Leu le 7 mai 1781 par son mariage avec Nx Thibaut, fille de Jacques Thibaut, procureur et notaire, et de Marie Dnronssoy. Après avoir mis d'abord son expérience des affaires au service de la commune, il s'était consacré bientôt à la fabrication du salpêtre, rue des Forges, à Saint-Leu, puis, au Port-de-Saint-Leu, hameau de Saint-Maximin.

(2) Fondé et soutenu par les évêques Nicolas et Denis Sanguin, à côté de l'abbaye royale de Saint-Vincent

Il estime que le Conseil général de la commune doit s'empresser d'acquérir les bâtiments, terres, qui sont situés tant sur le territoire de S. Leu que sur les territoires et municipalités de Gouvieux, S. Maximin, Apremont, Montataire, Thiverny, Cramoisy, Blincourt et Villers (1), et qu'en ce qui concerne la maison conventuelle et lieux claustraux du dit S. Leu, comme le tout est en bon état et peut aisément et commodément loger 15 à 20 religieux et servir de maison de retraite a autant d'ecclésiastiques, pensionnaires du département de l'Oise. »

Le 30 mai, les commissaires, après s'être transportés aux lieux où le Prieuré avait des biens, rendent compte de leur mission : « Au terroir et municipalité de S. Leu un corps de ferme a logement double en profondeur pour le fermier du prieur commendataire et pour le fermier des religieux. »

Nous ne suivrons pas les commissaires à travers les terroirs de Gouvieux, d'Apremont, de Montataire, de Thiverny, de S. Leu. Cette course amènerait ces détails et lieux dits : « les caves appellées *banvin*, » à cause du ban ou perception du vin qui était fourni en cet endroit, « sont louées au sieur Sennellier, ancien maître d'école ». Le sieur Sennellier qui est nommé ici doit être François Senellier qui est dit en 1769 « fils mineur de défunt Denis Senellier, vivant maître d'école de la paroisse de Nointel » — « clos du *Dieu de pitié* ; — clos de la *Lavanderie* ; — clos *Mazette* ; — clos *S. Gabrielle* attenant la place du *Cheval-Pierre* ; — clos de l'*Aumônerie*. »

« Le total de l'estimation » est de 137,995 livres.

VII

Même question.

Tandis que ces évènements s'accomplissaient avec les détails que le Registre nous a conservés, l'on devine aisément quel devait être l'état des esprits des Saint-Leusiens, oscillant sans cesse

---

(1) Sur les biens que le Prieuré possédait aux Ageux, à Ailly sur-Somme, à Andechy, à Anglcourt, etc. voir les Archives départ. de 'Oise et le cartulaire de Saint-Leu-d'Esserent.

sous l'influx des dépêches, des colportages de nouvelles, des déclamations des politiciens, entre des enthousiasmes plus ou moins factices et les terreurs de l'inconnu. Si les réformes immenses que l'Assemblée nationale avait déjà opérées dans l'édifice social par l'abolition de tous les privilèges, la répar-tition équitable des impôts, l'accessibilité de tous les citoyens aux emplois civils et militaires, faisaient luire des horizons meilleurs à un peuple impatient de liberté, en revanche, le pré-sent était difficile à l'extrême : c'étaient les menaces de banque-route, la cherté des vivres, le fléau des monopoles. le conflit tous les jours plus aigu entre un bloc de députés qui s'est déclaré constituant et inviolable et un roi perpétuellement indécis et désarmé, la fréquence des effervescences de la plèbe. Mais laissons là ces considérations.

Une lettre de Robin à l'abbé du Bourg, procureur général syndic du département de l'Oise, fournit, à la date du 22 juin 1790, les renseignements que voici : Etat du prieuré : revenus montant de 36 à 40,000 l. ; huit religieux : M. de Langlade (1) a 100,000 l. de revenus et doit rendre compte de sa gestion, détails confirmés par Dom Rolland et Dom Saint-Sevé. L'abbé du Bourg dont le nom est mêlé à cette querelle d'argent sera bientôt détenu à Chantilly pour être de là transféré à Paris.

VIII

1791. — Serment de Dom Barry

Le 27 novembre 1790, l'Assemblée nationale avait consommé l'œuvre néfaste que l'on a dénommée la *Constitution civile* du clergé laquelle voulait faire entrer, mutilée et méconnaissable l'Eglise dans l'Etat.

Deux jours après, ordre était donné aux ministres du Culte de prêter le Serment civique sous peine d'être privés de toute fonction et de traitement. C'était le schisme ou la misère, en attendant pire encore.

---

(1) M. de Langlade avait pour régisseur général M. Pillon, conseiller du roy à Montdidier.

Dom Barry prêta le serment, tel que sa conscience éclairée et ferme le lui commandait, c'est-à-dire expurgé par les réserves nécessaires. Je copie le procès-verbal, qui ne manque pas d'une certaine solennité triste.

« L'an 1791, le 21 janvier, au greffe de la municipalité de S. Leu d'Esserent est comparu sieur J. B. Barry, curé du dit S. Leu, à l'effet de déposer une cédulle en conformité du décret concernant la notification au greffe que sont tenus faire les fonctionnaires publics, dont la teneur suit :

« Messieurs

« En conformité du décret qui impose à tous les fonction-
« naires publics de notifier au greffe de la municipalité, deux
« jours auparavant, leur intention de la prestation du serment,
« je vous préviens que dimanche prochain, l'issue de la messe
« paroissiale, je me conformerai au décret de l'Assemblée Natio-
« nale.

« Fait à S. Leu, ce 21 janvier 1791.

« J. B. BARRY, curé de S. Leu. »

« Dom J. B. Barry, sorti de la sacristie où il s'étoit rendu sitôt sa messe célébrée pour s'y déshabiller, s'est présenté au milieu de la nef de la dite église de S. Leu, où nous ayant invités de nous porter, ainsi que nombre de paroissiens qui s'y étoient rendus, nous dit qu'il alloit prêter son serment au désir des dits décrets, qu'il respectoit infiniment et auxquels il alloit se conformer en tout leur entier, quant aux civil et temporel ; mais que quant au spirituel et parce que l'auguste assemblée nationale ne prétend pas gêner les consciences, il ne pouvoit faire son serment sans restriction, ce qui le déterminoit à le faire dans la forme décrite sur la feuille qu'il tenoit en main, de laquelle il a fait lecture par forme de serment, qu'il nous a ensuite remise et dont la teneur suit :

« Messieurs,

« C'est d'après la déclaration solennelle faite par l'auguste Assemblée qu'elle n'a pas entendu ni n'entendra jamais donner la moindre atteinte à l'autorité de l'Eglise, ni gêner les cons-ciences, que je vais me conformer à ce qu'elle exige de moy :

je dois la soumission à la puissance temporelle et à la spirituelle selon le principe de notre divin législateur qui me fait
une loi expresse de rendre à César ce qui appartient à César et
à Dieu ce qui appartient à Dieu. Je ne dois point, ni comme
citoyen ni comme pasteur, m'écarter d'un fondement aussi res-
pectable. Je reconnois l'une et l'autre et me ferai toujours un
devoir de leur rendre mon juste hommage dans tous les tems
sans préjudicier à leurs droits respectifs.

« En conséquence, je jure de veiller avec soin sur les fidèles
de la paroisse qui m'a été confiée, d'être fidèle à la nation, à la
loi et au roi, dans tout ce qui a rapport à l'ordre civil et temporel, et de maintenir de tout mon pouvoir la constitution
décrétée par l'Assemblée Nationale, acceptée par le roi et
approuvée par la nation, sous la réserve des objets spirituels et
de l'autorité spirituelle de l'Eglise dont j'ai promis de suivre les
loys et les usages.

« Fait à St Leu ce 23ᵉ jour de janvier en présence de la
municipalité, du conseil de la commune et des fidèles à l'issue
de la messe de paroisse. Signé, Jean Baptiste BARRY, curé de
St Leu.

« En suite duquel serment fait et déduit de la manière sus
décrite, nous susdits Maire, officiers municipaux et conseil de
la commune, en présence des assistants, nous avons répliqué au
dit sieur curé qu'il nous étoit impossible de recevoir son serment ainsi fait et conçu, attendu que les décrets ne nous dic-
toient point une semblable forme et qu'en conséquence nous ne
pouvions nous dispenser de protester contre, à moins que le dit
sieur curé n'apportât un suffisant amandement dans ce serment
qui le rende conforme à la loy ; ce que le dit sieur curé a refusé
de faire et a persisté en celui ci-dessus. Pourquoi nous lui
avons répondu que, ne nous appartenant pas de juger du succès
non plus que de la déchéance de ce serment, nous allions l'en-
voyer non seulement par copie, mais encore en original à nos
seigneurs de l'auguste Assemblée Nationale, comme seuls arbi-
tres de sa destinée ! Dont et de tout ce que dessus nous avons
fait et dressé le présent procès-verbal après avoir proposé au
dit sieur curé de le signer avec nous tant sur le présent que

sur autre feuille en double original pour être envoyée comme dit est, ce qu'il a refusé de faire, les dits jours et an.

VIRION, LAMOTTE, GERMAIN, maire ; E. LESPART, BELHOMME, RENOULT, VACHETTE, NAVARE, VILLERS, PAGEAUT, VÉRET, CHÉRON, DESPREZ, LEVASSEUR, PINET, procureur de la commune ».

Un mot court sur les témoins et signataires de ce procès-verbal. Germain (Claude), syndic ou maire de la paroisse de S. Leu dès 1789, réussira, grâce à un tempéramment sage et avisé, à louvoyer assez heureusement à travers les orages de la révolution pour que nous le retrouvions en 1801 à côté du sous-préfet Juéry en qualité « d'adjoint ».

Levasseur (Jean-Philippe), d'une famille de cultivateurs de Précy, marié à Marie-Charlotte Vallée, était, à l'époque, notaire à S. Leu, où il demeurait, rue du Bourg, dans une maison qui appartenait à Moreau, marchand de blondes à Chantilly. Levasseur quittera l'an 2 S. Leu pour la résidence de Chantilly où, l'an X, une catastrophe politique l'arrachera à son étude.

Lamotte (Claude-Charles), aubergiste, couronnera bientôt ses titres par celui de « président du Comité de Surveillance », car alors comme aujourd'hui tout le monde voulait être président de quelque chose.

Vachette (Vincent), vigneron et sonneur attitré de la paroisse, nous apprendra lui-même le 26 frimaire suivant avec son orthographe typique « qu'il a été proclamer officier public » Les actes officiels, de naissance, de mariage et de divorce, de décès, lui devront un certain nombre de monuments littéraires qui reposent un instant l'esprit des spectacles violents de l'époque.

IX

13 mars. Les religieux du Prieuré précisent leurs intentions.

Les réponses des religieux aideront à éclairer leur biographie. Dom Montenoise exprime le désir de se retirer à Versel [Vercel], district d'Ornans, département du Doubs.

Dom Saint-Sevé déclare qu'il est profès du 13 avril 1757 au dit

. Martin des Champs, « par conséquent familiarisé avec certains actes de religion qui lui sont devenus comme naturels par l'heureuse habitude qu'il en a contracté : il a l'honneur de déclarer qu'il craindroit de paroître de nouveau sur la scène du monde a laquelle il a renoncé, que la vie commune est son apanage ; aussi entend-il se retirer dans une maison de son ordre ».

Dom Ordinaire est né à Salins en Franche-Comté... « et prévoyant qu'il lui sera moralement impossible de pouvoir vivre décemment et en paix dans la maison composée de 20 religieux au moins... il est déterminé à se retirer à Besançon pour y vivre dans sa famille... »

Dom Lafond... imitera Dom Saint Sevé.

Dom Durieux... gagnera Belleville, « district de Villefranche en Beaujollais » (Rhône).

Dom Rolland, profès à Cluny, comme Lafond, Durieux et Barry, persistera dans son état.

Quant à Dom Barry... « curé de S. Leu, il déclare qu'il est né le 1er mars 1732, qu'il a fait profession à Cluny le 17 août 1748 et que, comme curé, il veut y vivre et en faire les fonctions ».

Les 21 mars, 10 avril et 9 juin suivants, renouvellement des mêmes engagements de fidélité.

Tandis que l'on discutait avec cette sécheresse le sort de ces pauvres religieux, la royauté perdait en Mirabeau l'un de ses derniers appuis, et « le drapeau de l'ancien jeu d'arcq... lequel avait été déposé à la voûte de l'église (23 août) pour y demeurer consacré à l'union, à la concorde et à la paix », se balançait sur les ruines de l'Eglise de France et de la royauté.

La location des stalles de l'église, qui est décidée le 17 avril, a un considérant qu'il faut noter : « Monsieur Pinet, procureur de la commune, a observé que la retraite d'une partie des religieux de S. Leu et celle prochaine du surplus va laisser le chœur de l'église libre et à la disposition des habitants de la paroisse, que dans cette position il estime que, pour faire le bien et avantage des pauvres de ladite paroisse, il conviendroit louer toutes les stalles du chœur cy-devant destinées aux religieux, à l'exception seulement de huit stalles qui se trouvent à l'entrée du chœur... qui seroient réservées pour M. le curé et M. le vicaire de la paroisse et pour les autres ecclésiastiques qui pourroient survenir aux offices divins et cérémonies religieuses ».

Suit à la date du 15 mai un règlement sur les cloches.

Bref, c'est dans la seconde moitié du mois d'avril, ce semble, que le clergé fidèle et sain dut abandonner, avec les tristesses profondes que notre pays a revues, l'abri silencieux de l'antique Prieuré et la très noble église des Dammartin et des Boulogne.

Où, entr'autres, se réfugia le curé Dom Barry ? Il y a là des secrets d'histoire locale que je n'ai pas réussi à éclairer. Je soupçonne que Dom Barry s'éloigna peu de sa paroisse, puisque une lettre de lui à la date du 1 juin 1791, publiée par le chan. Morel, le montre affermissant ses frères (1) dans les luttes de la foi et prêtant à son pieux évêque François de La Rochefoucauld les services de son zèle. Mais voici la lettre de Dom Barry à laquelle je fais allusion.

A Saint-Leu, ce 1er juin 1791.

« C'est avec une grande satisfaction, Monseigneur, que j'apprends les dispositions où sont plusieurs de mes confrères de se rétracter. M. le curé de Précy, que j'ay eu l'honneur de voir avant-hier, m'a communiqué ses sentiments, dont vous aurés lieu d'être content. Vous devés recevoir par la même voie que la mienne une lettre de sa part. La réponse que vous ferés ne contribuera pas peu à en déterminer d'autres. Le dernier bref de Sa Sainteté, quand il paraîtra, fera ouvrir les yeux à bien des personnes qui ont paru vvre dans un sommeil léthargique à l'égard des vrais principes.

« Parmi ceux que je puis connoître ne pas vouloir connoître l'intrus, sont :

« MM. les curés de Boran, de Préci, de Villers-sous-Saint-Leu, de Thiverni, de Saint-Maximin, de Villers-Saint-Paul, de Monchy-Saint Eloi, de Cramoisy, de Mello, de La Mollay.

« J'ay engagé M. le curé de Thiverni à vous aller rendre ses

---

(1) Le Registre d'écrou des détenus de Chantilly donne le nom de quelques-uns de ces curés : Pierre Saulnier, curé de Boran ; Delaunoy, de Précy ; Lemaire, de Villers-sous-Saint-Leu ; Clément, de Saint-Maximin ; Watripon, de Cramoisy ; François Hue, de la Morlaye.

devoirs la semaine prochaine. Il m'a témoigné beaucoup d'empressement à le faire. Vous m'avés marqué dans votre dernière lettre que si je n'avois par assés d'huile, vous m'en procureriés encore. Je crois que je seray obligé d'accepter vos offres. J'attents avec empressement les exemplaires du 2ᵉ bref pour avoir le plaisir de les distribuer et de faire revenir au bercail les brebis qui s'en étoient écartés.

« Je prendray la liberté de vous instruire de tout ce que je pourray découvrir dans la suite.

« J'ay l'honneur d'être, Monseigneur, avec les sentiments de la plus parfaite vénération, votre très humble et obéissant serviteur,

« BARRY, curé de Saint-Leu. »

X

Première apparition du curé et du vicaire constitutionnels.

Un certificat officiel du 28 frimaire an III révèle que « Louis-Claude Boursier », c'était le vicaire, « a résidé dans cette commune maison appartenant à la nation (c'est le Prieuré), depuis le 1 avril 1791 jusqu'au 7 octobre 1793, jour où il fut mis en état d'arrestation ». Mais ce n'est que six mois après que le Registre fait mention de la présence à S. Leu des deux frères schismatiques.

« Le dimanche 13ᵉ jour du mois de novembre 1791 » signale à l'assemblée, « dans une des salles de la maison ci-devant conventuelle de S. Leu », le curé et le vicaire, Claude-Antoine-Louis Boursier et son frère, Louis-Claude Boursier. C'étaient les fils d'un commissaire du Directoire de Senlis, le sieur Pierre-Louis Boursier, dont l'acte de décès (12 nov. 1812) ajoutera : « avoué et ancien juge de paix, demeurant rue S. Pierre, âgé de 80 ans » et de Marie-Anne-Claude Bazin (1).

---

(1)   1812. — *12 novembre.*

Décès de « M. Pierre-Louis Boursier, avoué et ancien juge de paix, demeurant rue S. Pierre, âgé de 80 ans, veuf de Marie-Anne-Claude-Françoise Bazin... » Témoins : « Louis-Antoine Boursier, principal clerc de notaire, demeurant à Paris, rue du Petit Lion S. Sulpice n° 29, âgé de 38 ans, » son fils, « et Louis-Claude Boursier, agent d'affaires

Quels étaient leur éducation première, le motif, insconscience ou ambition, qui les avait amenés à s'installer criminellement dans la cure de S. Leu, le cas probablement médiocre que les gens faisaient de leurs bénédictions sacrilèges ? Je ne sais. Le vicaire eut à exhiber ce signalement officiel : « Taille de cinq pieds, cheveux et sourcils brun clair, yeux bleus, nez long, bouche moyenne et menton rond, front découvert, visage un peu allongé et grêlé. »

Quels sont les caractères que trahissent leurs paraphes similaires ? J'y verrais volontiers : lenteur, entêtement, sens pratique.

XI

1792. — Serments schismatiques.

L'année 1792, dans laquelle nous introduit quasi sourdinement le Registre, est une suite de chutes de plus en plus profondes dans la boue et sang. Le refus du roi de sanctionner le décret qui autorisait les autorités locales à déporter les prêtres insermentés ; l'abaissement fatal du pouvoir qui glisse des mains des constitutionnels à celles des plus violents ; la mobilisation d'une populace crédule et féroce que les pamphlets soulèvent comme une marée, amènent les journées hideuses du 20 juin. Le manifeste du duc de Brunswick a pour réplique, le 29 juillet, le cri : La patrie est en danger ! Puis viendront les luttes sauvages des Jacobins et des Cordeliers avec les Girondins, l'abdication du roi le 10 août, le triomphe macabre des terroristes Danton, Maillard, Robespierre.

---

demeurant à Paris, rue du Four S. Germain, n° 37, âgé de 37 ans », son autre fils.

BOURSIER.   BOURSIER.

1857. — *22 janvier.*
Décès de **Madame Larsonnier.**

A comparu « Victor-Adolphe Boursier, homme de lettres, âgé de 42 ans, demeurant à Montmartre, rue Léonie 15, » neveu de la défunte, « qui a signé l'acte de décès de » Marie-Louise-Elisabeth Boursier, rentière, âgé de 83 ans, demeurant à Senlis, rue du Puits-Thiphaine n° 7, veuve de Louis-Baptiste Larsonnier, née à Senlis le 4 février 1774, fille des défunts Pierre-Louis Boursier et Marie-Anne-Claude-Françoise Bazin. »

Rien de tout cela dans le Registre, lequel ne sort de son mutisme que le 23 septembre, pour relater les serments des frères Boursier. L'on sait que le 29 novembre 1791 l'Assemblée législative, s'inspirant du rapport de François de Neufchâteau, avait enjoint aux prêtres de prêter le serment civique, sous peine de suppression de paiement ou de prison. Voici le procès-verbal de cet engagement sacrilège :

« Ce jourd'huy, 23 septembre 1792, l'an IVe de la liberté et le Ier de l'égalité, en exécution et pour satisfaire à la loy du 14 août dernier, portant que tout Français recevant traitement ou pension de l'État sera censé y avoir irrévocablement renoncé, s'il ne justiffie qu'il aie prêté le serment ; M. Claude-Antoine-Louis Boursier, curé de la paroisse, s'est présenté et avec le meilleur zèle a prêté le serment et a dit : Je jure d'être fidèle à la nation et de maintenir la liberté et l'égalité ou de mourir en les défendant... M. Louis-Claude Boursier, vicaire de la dite paroisse, s'est également présenté et a prêté nominativement le même serment ».

XII

1793. — Visi'e de Notté.

Cette année est tristement fameuse dans l'histoire de notre pays. Le 21 janvier, Louis XVI avait été exécuté sur la place de la Révolution. Bref, les partis violents semblaient s'inspirer de cet adage de Collot d'Herbois : « En révolution quiconque s'arrête est écrasé ».

Le 26 août, le citoyen Notté (1), administrateur du directoire du Département, avait fait une brusque apparition au milieu du Conseil général de la commune, emportant dans les poches de sa carmagnole l'esprit et les ordres des représentants du peuple Collot d'Herbois et Isoré. « Il nous a requis de donner procès verbal s'il y avoit l'un des personnes... qui devroient être frappés de l'arestation ».

Aussi, dans la terreur que cette visite avait répandue, le 16 sep-

---

(1) Voir le *Château de Chantilly pendant la Révolution,* par le président Sorel.

tembre suivant, « est comparu devant les officiers municipaux
et le Conseil général de la commune, le citoyen Jean Bernard
Millet, qui a déclaré avoir chez lui, tant dans sa maison que dans
la ferme dont il est gardien, savoir un corps de bibliotecques en
bois de chêne, une commode à dessus de marbre... lesquels
effets le dit déclarant a certiffié apartenir au nommé Du Bary,
cy devant moine, curé de la parroisse, et a offert de les repre-
senté ».

Où était alors le nommé Du Bary ?

Le citoyen Millet n'exagérait pas les prudences. Ne lisons-
nous pas dans l'attestation « des membres du Comité de surveillance qui lèveront les scellés des appartements occupés
par les Boursier », ce détail qui a sa valeur : « nous n'avons rien
trouvé ni connu de suspect à l'exception de la bibliothèque du
ci devant couvent dont les scellés sont restés dessus » ?

XIII

Serments du 22 septembre.

C'est le triste jour où les Boursier, plus par lâcheté que
par dévotion convaincue, attesteront leur patriotisme d'une
façon solennelle et prêteront la dignité de la chaire évangélique
aux déclamations sonores du maire Haranger (1). Voici comment
le Registre raconte, au milieu des mesures de sûreté générale,
des réquisisitions, ce chapitre de l'histoire de l'église de S. Leu.

« Les citoyens maire et officiers municipaux et conseil général
de la commune, convoqués en l'église paroissiale neuf heures du
matin, heures de la grande messe ; le citoyen Antoinne-Claude-
Louis Boursier, à l'issue des prières du prône, après un discour
où il a rappellé toutes les preuves de civisme qu'il a donné,
ainsi que son frère le vicaire, depuis qu'ils sont dans cette

---

(1) Jean-Remy Haranger, lequel avait été élu maire le 16 août 1792, au
milieu des félicitations prétentieuses du président Brevillé, est un per-
sonnage assez intéressant : situation de fortune nulle ; écriture qui sent
le tabellion plutôt que l'homme des champs ; style ampoulé à la mode ;
habileté pour conduire la commune des mauvais jours de la Terreur
aux réactions. D'où venait-il quand il arriva à S. Leu en janvier 1791 ?

paroisse, et nous a pris à témoin ainsi que tout le peuple assemblé, de leurs patriotisme, de leurs attachement aux loix de la République et de l'attention qu'ils ont de suprimer dans les prières publiques tout ce qui pouvoit concerner la royauté dès le jour où le peuple françois et ces représentant l'eurent suprimer, a renouvellé son serment que nous avions déjà entendu et a juré d'être fidel à la nation.....

« Et à l'instant, le citoyen Haranger, maire, est monté dans la chaire, et par un discour (1) respirant le plus pur patriotisme a engagé toute l'assemblée de profiter de l'exemple donné par les citoyens curé et vicaire, pour renouveller elle même un serment si cher a tous les bon françois, afin de démentir ceux qui peuvent avoir donné de mauvaises impression sur le civisme de leur commune, et qui a été universallement applaudi, et tous ont prononcé le serment avec l'allégresse la plus parfaite..... Ledoux, Haranger, Pinet, Ladvocat ».

L'on sent, à travers ces allégresses de commande, la défiance à l'égard de ce que l'on appellerait aujourd'hui des *casseroles*. « C'est » dit Haranger, « c'est pour prendre la défense de mes concitoyens sur leur patriotisme, sur lequel on a cherché à induire en erreur des représentants du peuple, etc. ». Mais cette veine d'éloquence coule hors de mon sujet.

Le serment pompeux et dramatique que les Boursier avaient prononcé ne réussit pas à les protéger longtemps contre l'esprit de défiance et de dénonciation qui rendait la France inhabitable.

XIV

Fuite du curé schismatique. Arrestation du vicaire.

8 octobre. — L'arrivée d'un détachement de l'armée révolutionnaire à Saint-Leu était un présage de violences et de rapines. « Ce jourd'huy..... l'assemblée s'est constituée en permanence et.... a reçu avec tout l'entousiasme du patriotisme un détachement qui, muni d'ordres suffisans, ont saisi et mis sous la

---

(1) Cette page d'éloquence a été honorée d'une transcription dans le **Registre**.

sureté nationale le citoyen Boursier, vicaire, probablement pré-
venu d'incivisme ; et désirant satisfaire à la loy qui met sous la
sauvegarde des municipalités les papiers et affaires d'individus
prévenus et arrêtés, la municipalité a fait apposer les scellés
tant sur les meubles effets du dit citoyen vicaire que sur les endroits du citoyen Boursier curé absent, le tout aux endroits différents de la ci-devant maison conventuelle de S. Leu. .., le
tout avec une bande de papier cachetée..... à la sureté de
laquelle garde il a été établi le citoyen Vincent Vachette, vigneron à S. Leu ». Vincent Vachette est décidément un cumulard !

Quel était le crime des Boursier? On était aisément guillotinable
à cette époque de liberté. Deux lettres ont été surprises à leur
domicile. « La première est un projet écrit de la main de Boursier par lequel il annonce que son état étoit plus incertain que
jamais ; étant fondé sur la révolution il doit s'anéantir avec
elle ». Boursier aurait dû saisir plus tôt cet axiome politique
qu'un état qui est bâti sur le sable, en a la mobilité. « La
seconde [lettre] signée Boursier, dattée de Senlis du 22 septembre dernier, à l'adresse du citoyen Boursier curé de S. Leu,
annonce que Victor (quel est ce Victor ?) s'étoit caché depuis
neuf heures du soir jusqu'à minuit et qu'ils étoient dans une
crainte terrible ».

Quoi qu'il en soit, les deux frères, traînés à pied ou cahottés
dans quelque carriole, avaient été conduits au château de Chantilly et grossissaient le nombre de ces détenus que Collot d'Herbois surtout y avait empilés sous la surveillance brutale de Notté.

C'est alors que le citoyen Boursier avait envoyé une pétition
au Comité de Sûreté générale et de Surveillance de la Convention Nationale. Nous en ignorons le texte. Le Comité répondit
par l'arrêté que voici :

CONVENTION NATIONALE

*Comité de Sûreté générale et de Surveillance de la Convention
nationale.*

Du vingtième jour de Brumaire l'an second (1) de la République Française, une et indivisible,

---

(1) 10 novembre 1793.

Le Comité, après avoir examiné la pétition du citoyen Boursier du département de l'Oise, arrête

Que les scellés apposés par la commune de Saint-Leu sur les papiers, meubles et effets d'Antoine-Louis Boursier et Claude-Louis Boursier, l'un curé et l'autre vicaire de la commune de S. Leu près Chantilly, seront levés aussitôt après la réception du présent arrêté, par deux officiers municipaux et en présence de deux membres du Comité révolutionnaire de S. Leu ou du Comité le plus prochain, si aucun n'étoit établi au dit lieu ; que les papiers qui paraîtroient suspects seront apportés au Comité de Sûreté générale de la Convention nationale : enfin que le Comité de Surveillance de la commune de Senlis rendra compte incessament des motifs de l'arrestation de Louis et Claude-Louis Boursier.

Les membres du Comité de Sûreté générale de la Convention nationale.

VADIER.   LOUIS DE BOISTHIÉRI.   SAGOL CAMAR ./:

En marge :

Vu au Comité de Surveillance de la commune de Senlis, ce vingt-deux Brumaire an 2ᵈ de la Rep. fr. une et indiv.

PILORGET,   DESROCQUES ./:

Le citoyen Boursier de Senlis était en outre muni de ce pouvoir des deux détenus : « Nous soussignés, Claude-Antoine-Louis Boursier, curé de Saint Leu, et Louis-Claude Boursier, vicaire de la dite paroisse, tous deux détenus au cy devant chateau de Chantilly, donnons pouvoir au citoyen Boursier, notre père, de en notre nom requérir des officiers municipaux du dit S. Leu et du Comité de surveillance du dit lieu, en vertu de l'arresté du Comité de sureté générale et de surveillance de la Convention nationale en datte du vingt du courant dont il est porteur, la main levée des scellés apposés sur nos effets, y faire pour nous tels dires, réquisitions, observations, réserves et protestations qu'il jugera à propos, promettans l'avouer. — Fait au dit Chantilly le vingt-trois du 2ᵉ mois de la seconde année de la République.

BOURSIER.   BOURSIER, curé de S. Leu.

C'est muni de ces gâteaux soporifiques, que le pauvre procureur de Senlis vint charmer le cerbère de S. Leu. « Est comparu devant nous », dit le Registre municipal, « est comparu devant nous Haranger, maire... le citoyen Boursier, habitant de Senlis, [lequel] nous a représenté un arrêté du comité de sûreté générale et de surveillance de la Convention nationale en datte du 20 présent, nous portant entre autre chose, etc.

« En conséquence a requis qu'il nous plaisent procéder à l'instant à la reconoissance et à la levée des scellés ».

Tout se fit comme il avait été ordonné. Les tyrans d'alors n'acceptaient point de réplique, ni de délais. Les pièces suspectes voyagèrent jusqu'à ce comité qui tenait entre ses mains tant de vies. Mais les Boursier continuèrent, Louis-Claude jusqu'au 6, Claude Antoine jusqu'au 8 brumaire 1794 (1) à languir dans la misère de la prison et la terreur de la guillotine (2).

En même temps, le détachement de l'armée révolutionnaire continuait à dépouiller l'église et le prieuré, enlevant « cuivres et fers, argenterie, savoir : une encensoir et navette, toute la garniture de la châsse Ste Opportune, garnie en argent massif, la châsse S. Leu en cuivre doré et une autre petite châsse de cuivre doré »; « les trois petites cloches seroient portées à Senlis avec leurs battans et ferraille ». Croix, chandeliers, etc. (3).

Inutile d'ajouter que l'armée révolutionnaire et le citoyen Bruiet, commissaire pour les subsistances, avaient détruit aussi, brûlé ou enlevé « papiers féodaux, etc. »

XV

Saint-Leu devient Côte de la Liberté-sur-Oise

Comme le Conseil général, le comité de surveillance et la compagnie du commandant Pinet assemblés avaient, le 10 frimaire 1793, la faveur de recevoir « les citoyens Boismmarat, commissaire auprès du comité de Sureté générale, Vitau, lieutenant de l'armée révolutionnaire en détachement à Chantilly, Marc

---

(1) 27 et 29 octobre.
(2) Voir Sorel, *Le Château de Chantilly*.
(3) Le chapitre des croix d'autel indique les autels Ste Opportune, St Benoist, St Sixte, Dieu de pitié.

Gilquin, membre du comité de surveillance de Chantilly......
l'ordre du jour s'est unanimement porté sur l'objet de faire
hommage à la Convention nationale de différent objet quis
existent encore en cette commune et laissés par les commissaires de l'armée révolutionnaire le 8 d'octobre dernier, des-
quels le détails suit : un calice en argent doré avec sa pateine ;
un octade en argent... (crucifix, chandeliers, ornements, osten
soir, ciboire, dais, etc). Ensuite un membre a observé que la
commune de S. Leu, ayant fourny au moins 90,000 livres de fer,
cuivre, argenterie et effets de l'église, il demandoit et la commune a arrêté que la Convention nationale seroit invitée d'accorder la vente des menussies [menuiseries] restantes au proffit
de la commune...

« Sur une autre motion, l'assemblée voulant donner l'imita-
tion à la loy qui suprime les marques de féodalité et de super-
titions, a arrêté que le nom de S. Leu, celui de la paroisse, seroit
à l'avenir la *Cotte de la Liberté-sur-Oise* ».

Le diapason de la bêtise montait, comme on le voit, de plus
en plus : dons sacrilèges, délégation de Bois-Marat à la fête des
grands hommes, débaptisation des noms de lieux, adresses par-
fois grotesques à la Convention, épuration des conseils, églises
devenues temples de la raison ou théâtres de fêtes humiliantes.

« O Liberté »! avait dit ce jour-là à l'échafaud Mme Roland,
« que de crimes on commet en ton nom ! » Où était réfugié le
beau-frère de la célèbre Girondine quand il apprit par les
rumeurs publiques sa mort sanglante et le coup de désespoir de
l'ancien ministre, son mari ?

XVI

1794. Chasse au fanatisme.

« André Dumont, représentant du peuple, devant », dit le
Registre, « se rendre incessamment à Senlis, à l'effet de rendre la
liberté aux citoyens détenus », le Conseil général de la commune
s'est occupé activement à faire élargir les citoyens Ladvocat (1)

---

(1) Le registre que nous étudions, amène souvent le citoyen « Louis-
César-Auguste Ladvocat, actuellement cultivateur, chef de la 2e légion

et Lescalopier (1)..... Ceci se passait au début de l'année 1794.

Par contre, le 6 floréal (26 avril), une visite de deux fondés de pouvoir du Comité de sûreté générale indique assez que l'esprit de suspicion ne n'exerçait pas seulement sur la question des subsistances, mais allait jusqu'à sonder les sentiments les plus réservés de la conscience.

« Ce jourd'huy », continue le Registre, « six floréal l'an second de l'aire républicaine, se sont présenté les citoyens Pierre Charles Martin et Jacques Philippe Nicolas Brulon, chargés de pouvoir du Comité de sureté généralle de la Convention nationnal, lesquels nous ont requis de leurs indiquer et désigner les personnes de cette commune qui pouroit être suspect au terme de la loix du 17 semtembre dernier, vieux stile, et de leurs donner a connoitre quel est la disposition de l'esprit publique dans cette commune, notament en ce qui concernent le culte a l'extérieure et si le fanatisme ne continue pas ces ravages sur les esprit faibles,   Martin, Brulon ».

Notre époque connaît ces formules grotesques et l'orthographe qui les enchâsse.

Il n'est point de mon sujet de rappeler que, le « 16 prairial, le Conseil général de la commune et le comité de surveillance réunie a arrêté que le 20 du present il sera celebré une fête pour rendre les hommages düe à l'Etre suprême et a nommer com·missaire les citoyens Viart, Navare, Guiard et Martin, pour faire exécuter le dit travaille..... sur le Cheval pierre ».

Nous sommes à l'apogée du pouvoir de Robespierre, lequel « voulait établir le gouvernement sur la double base de la terreur et de la vertu » !

Il serait intéressant de voir comme ce peuple, que l'on avait brouillé avec le culte religieux, éprouvait le besoin naturel de célébrer quelque chose, la prise peu héroïque de la Bastille, « le

---

du district de Senlis, etc. » ; son exclusion de la liste des notables; les visites domiciliaires multipliées chez lui; son arrestation ; ses générosités, — et, aux premières lueurs de la liberté, sa nomination à la mairie de Saint-Leu. Il avait été seigneur du fief de Sauveterre à Saint-Leu.

(1) Ex-seigneur du fief de la Guédière à Saint-Leu.

5e jour complémentaire ou jour sans culottide »...., au besoin d'adorer les crocodiles.

XVII

J'indique, avec une sécheresse de style obligée, quelques détails qui éclairent d'une dernière lueur triste la fin du Prieuré.

4 messidor. — « Etat du linge existant dans la ci-devant sacristie du temple de l'Être suprême... servant à la superstition et momerie des prêtres ». Cet état sera continué le 16 messidor. L'on sent à la lecture du Registre comme les partis existants ont petit à petit imposé leurs appétits et leurs façons à la masse pacifique de la population Saint-Leusienne.

11 messidor. — C'est à cette date que les Boursier recouvraient la liberté. « Le logement desous la sonnette sera louer provisoirement au citoyen Pierre Batardy fils, et l'invitons a surveiller à tout ce qui pouroient se passer dans le prieuré ». Toute la vie sociale était alors empoisonnée par la défiance, la délation et la peur du voisin.

15 messidor. — Estimation des loyers des bâtiments de la ferme du Prieuré à Giroust, Corbie, Jean Louis Descourtieux, Lépine, « dont le seiziesme a été accordé à la municipalité sur la vente des biens nationaux. »

13 brumaire. — « La grande question s'est étendue sur ce que le citoyen Viard aquéreur de la ferme des cy-devant religieux, démolisoit les batimens, le conseil étant tous du même avis a l'effet d'arrêter le citoyen Viart dans ces démolition, que le conseil entant qu'auparavant que de démolir que le dit citoyen se conforment à l'article 4 de la loi du 25 juillet 1790. »

Nous ne suivrons pas plus avant le sort de ces clos de vignes, bois, fermes, logements des anciens bénédictins, où des chemins de ronde du XIIe siècle, des constructions carrées soutenues par des contreforts engagés et semi-cylindriques, des salles voûtées élégamment en ogives rappellent le souvenir d'illustres bienfaiteurs. Viendront bientôt des professionnels de la Bande noire qui éventreront les tombes du cloître, croyant y surprendre des trésors, briseront la sculpture florale des chapiteaux, feront des moëllons avec les nobles statues... Mais le siècle qui vient de commencer n'a pas le droit d'être sévère pour ses devanciers.

XVIII

La fin de l'année 1794 montre quelques symptômes intermittents d'adoucissement dans les mœurs gouvernementales, témoin ce certificat : « Nous, maire, certiffions que le citoyen Claude-Antoine Louis Boursier, demeurant à Senlis, né le pr nbre 1760, s'est présenté devant nous ce jourd'hui, qu'il réside en France depuis le 1er mai 1792 jusqu'à ce jour sans interruption, qu'il n'est pas sur la liste des émigrés et qu'il n'est point détenu pour cause de suspicion ou de contre révolution..... ».

« Certiffions en outre que le dit Claude-Antoine Louis Boursier nous a présenté en bonne forme 1º sa quittance d'imposition mobiliaire de 1793 et années antérieures ; 2º celle de toute sa contribution patriotique ; 3º le certificat de son civisme ; et nous a présentement déclaré le dit Boursier qu'il n'a joui, depuis la suppression de son emploi, d'aucune autre pension ni traitement d'activité, » etc.

« Suit le signalement du dit citoyen : Taille de cinq pieds cinq pouces, cheveux et sourcils blonds, yeux bleus, nez court, bouche moyenne, menton rond, front découvert et visage ovale. »

L'on a rencontré plus haut le signalement du vicaire Louis-Claude Boursier, frère cadet du précédent.

XIX

Un Mot sur les Ecoles

Le registre ne fournit que fort peu de renseignements sur la question des écoles. Je les indique brièvement par ordre chronologique.

1790, 26 mars. — Le libelle injurieux de Ladvocat que nous avons indiqué, fait mémoire d'un plan de Saint-Leu dessiné par « Nicolas Dubus, maître d'école du dit lieu », quelque temps avant cette époque.

La maison d'école était située en 1794 rue des Forges.

Il est question en cette année de prendre pour maître d'école « Pervillé, actuellement instituteur en la commune de Persan ». Son traitement serait de 8 deniers pour livre du principal de la contribution foncière.

Le choix se fixe bientôt sur Claude Foyen et Catherine Lallemand : « Septidi de la 1° décade de germinal, assemblée pour le choix d'un instituteur public pour les enfants qui en sont privés depuis plusieurs mois. Il a été décidé que le citoyen Jean Claude Foyen, ci-devant maître d'école en la commune d'Ercuis, serait adopté, avec l'agrément du directoire de Senlis. « La citoyenne Lallemand était maîtresse des classes depuis environ 27 ou 28 ans. »

2 nivose an III. — Ce jour là. inspection des écoles faite par les citoyens Simon Raguet et Jacques-Louis Virion, lesquels ont constaté avec une grande satisfaction « des principes d'éducation très bien dans le sens de la révolution ». Nous ne sommes ici encore que des copistes.

28 pluviose. — « Petition pour obtenir des localités [locaux] pour l'instituteur et l'institutrice ». S. Leu comptait alors 1228 habitants. Le presbytère qui reçoit les filles, est assez grand, remarque-t-on, pour abriter en même temps les garçons.

9 germinal. — Les garçons sont recueillis « au ci-devant hospice », lequel était situé entre la place du parvis de l'église et le Cheval-Pierre.

Comme je l'ai indiqué déjà, on ne voit pas que les projets du Comité d'instruction publique ni le rapport Lanthenas aient occupé la municipalité Saint-Leusienne, même pour la réforme de l'orthographe.

XX

Temps meilleurs

Tout-à-coup, le 4 frimaire et le 2 floréal de l'an IV, nous voyons surgir comme de la tombe un des anciens bénédictins du Prieuré de Saint-Leu, Lafond, accompagné d'un autre prêtre nommé Dusault.

« Déclaration », dit le Registre, « déclaration du ministre du culte suivant la loi (1). Le 4 frimaire l'an IV de la République française une et indivisible, (25 novembre 1795), devant nous maire et officiers municipaux de cette commune de S. Leu sur Oise, est comparu le citoyen Antoine Lafond, habitant au dit lieu, lequel a fait la déclaration dont la teneur suit :

« Je reconnois que l'universalité des citoyens français est le souverain, et je promets soumission et obéissance aux lois de la République.

« Nous lui avons donné acte de cette déclaration, et il a signé avec nous.

Pinet   Lafond   Berson

Agent municipal   adj. »

L'on sait toutes les discussions auxquelles a donné lieu la forme de ce serment.

Le 2 floréal (21 avril 1796), le citoyen Jean-Richard Dusault fait une déclaration identique.

« Le 10 thermidor an V (28 juillet 1797), le citoyen Jean-Baptiste Barry, habitant maintenant la dite commune, fait la même déclaration : « Je reconnais que l'universalité, etc.

Pinet   J. B. Barry. »

28 fructidor an V (14 septembre 1797), comparution de Jean-Richard Dusault et Jean-Baptiste Barry, « lesquels nous ont déclaré qu'ils étoient dans l'intention de continuer l'exercice du culte catholique dans la dite commune et ont, en vertu de l'art. 25 de la loi du 19 fructidor présent mois, fait à haute et intelligible voix la déclaration suivante :

« Je jure haine à la royauté et à l'anarchie, attachement et fidélité à la République française et à la constitution de l'an III, duquel serment nous, agent municipal susdit, avons fait et rédigé ce présent procès-verbal

Barry   Pinet   Dusault ».

La note suivante, empruntée aux documents officiels des Archives de l'Oise, complète quelque peu l'histoire de Dom Barry pendant la Révolution.

---

(1) Du 7 vendémiaire an IV.

« En exécution de la loi du 26 août 1792, Jean-Baptiste Barry, ex-curé de Saint-Leu, canton de Creil, ayant refusé de prêter le serment prescrit par les lois de 1790 et 1791, a été condamné à la déportation et inscrit comme déporté au second supplément de la liste des émigrés du département de l'Oise, arrêtée définitivement par l'administration centrale du département le 3 fructidor an II (20 août 1794).

« Etant rentré dans la commune de Saint-Leu dans le courant de thermidor an V pour continuer l'exercice de son ministère, l'administration centrale du département de l'Oise, faisant droit au réquisitoire du commissaire du Directoire exécutif, a arrêté dans la séance du 26 nivôse an VII (15 janvier 1799), « que ledit Jean-Baptiste Barry, ci devant prêtre insermenté et sexagénaire, seroit reclus dans la maison dite du séminaire, à ce destinée, à Beauvais » (1).

Avec le concordat (1801) qui fondait ensemble les deux diocèses d'Amiens et de Beauvais sous la crosse de Mgr Jean-Chrysostome de Villaret, le diocèse de Beauvais fut réorganisé, et en 1803 Saint-Leu, qui n'était qu'une succursale, eut enfin un curé, l'abbé Beaudoin.

---

(1) Nous devons cette note à l'obligeance de notre confrère de la Société Académique de l'Oise, M. L. Thiot.

SUPPLÉMENT

Analyse du Registre municipal

Aux notes que j'ai fournies au *Bulletin religieux* concernant la situation de l'Eglise de Saint Leu durant la période révolutionnaire, j'ajoute une analyse brève des autres évènements que mentionne le Registre municipal. Cette sorte de table aidera à compléter l'histoire du bourg.

1789.

29 novembre. — Saint-Leu a l'ambition, que lui a soufflée Robin, de devenir chef-lieu de canton.

« Cette paroisse avoit d'autant plus lieu d'espérer qu'elle est la plus considérable et la plus importante, soit par sa population, soit par sa position, son port et son bacq, soit par son commerce et son industrie. »

1790.

3 février. — Municipalité du nouveau mode.

4 avril. — Règlements de police pour empêcher les abus de la chasse et les dévastations des brigands.

17 avril. — Première assemblée primaire à Creil.

26 avril. — Jean-Jacques Féret, regratier, fournit l'état de ses approvisionnements de sel.

1er mai. — Plaintes du « bactier » Hémet contre M. de Langlade, au sujet du mauvais état du bac de S. Leu. Sommations de l'huissier Etienne Bellet.

12 juin. — Ordonnances pour la protection des terres ensemencées. Règlementation des heures de travail pour les ouvriers des champs.

26 juin. — Choix de dix-huit délégués pour la fête de la Fédération. S. Leu n'avait pas encore de garde nationale parce que « les habitants avoient toujours vécu dans la plus parfaite union, etc. ». — Les délégués, après avoir été gratifiés de 4 livres ou de 100 sols, selon qu'ils trouveraient ou non un logement à la capitale, devaient se rencontrer « à l'hôtel du Lion d'Or, vis à vis le Bureau des Voitures, faubourg S. Denis, le 12 juillet, etc. ».

15 juillet. — Réclamation de Foullon de Chevrières, président de l'Administration du district de Senlis.

14 novembre. — Renouvellement de la municipalité. Démission de Robin, ainsi que de Philippe Féret à cause « des disgrâces qu'il souffre journellement. »

1791.

13 novembre. — Renouvellement de la municipalité.

14 novembre. — Division du territoire « en présence du Sr Pierre-Louis Boursier, demeurant à Senlis, commissaire nommé par le Directoire de Senlis. »

1792.

23 septembre. — Serment de Guillaume Barré, « ci-devant garde-chasse attaché à la capitainerie d'Halatte. »

9 et 10 décembre. — Renouvellement du Conseil général et de la Municipalité : Jean Haranger, maire. Pierre Berson, vigneron, est élu conseiller, mais n'accepte pas, « ses lumières ne répondant pas à son zèle. »

1793

14 avril. — Partage des biens communaux.

27 juillet. — Pierre Toussaint, berger, s'engage à porter les armes. « Le citoyen Loir, commissaire au recensement du canton de Creil », prend son signalement.

26 août. — Le Directoire de Senlis échange des piques contre des fusils. Notté, administrateur du Directoire du département, vient présenter une commission contre les suspects.

29 août. — Visite de Girard de la Perrotière, au sujet des approvisionnements de grains pour Paris. Réquisitions, lesquelles amèneront bientôt les dissimulations, les recensements, les chertés, les accaparements et une réplique de décrets, de pénalités sévères, de dénonciations et de visites domiciliaires.

15 septembre. — Réponse au Comité de salut public sur le civisme des Ladvocat, des L'Escalopier, de « Denis Jean Loir, architecte ». Loir sera néanmoins arrêté, incarcéré aux Madelonnettes. Dans un discours enflammé, le maire affirme le patriotisme de ses administrés : « C'est pour prendre la defense de mes concitoyens », dit Haranger, « sur leur patriotisme sur lequel on a cherché à induire en erreur des représentants du peuple », etc.

8 octobre. — Arrivée d'un détachement de l'armée révolutionnaire. Arrestation des citoyens Boursier.

9 octobre. — Visite de Bruyer fils, commissaire du district de Senlis. Expédition des cloches à Senlis.

10 octobre. — Epuration de cinq notables suspects.

11 et 12 octobre. — Secours aux victimes de l'ouragan du 8 janvier.

13 octobre. — Formation d'un comité de surveillance. Il semble que l'esprit de l'époque se manifestait à Saint-Leu par des mots plus que par des faits et que le fond des caractères demeurait ennemi des violences.

27 et 28 novembre. — Visite des scellés apposés par les commissaires Le Brun et d'Hérouville en la chambre qu'occupait, chez L'Escalopier, « le citoyen Loir, ci-devant président du district de Senlis, de présent en arrestation à Chantilly », bientôt transféré aux Madelonnettes et libéré le 25 août 1794.

30 novembre. — Visite du citoyen Bois-Marat, commissaire auprès du Comité de sûreté générale de la Convention, auquel compliments et grâces. Saint-Leu s'appellera désormais Côte de la Liberté-sur Oise.

28 décembre. — Nouvelles épurations.

1794

« Ce jourd'huy douze nivôse de la seconde année de la république française, une, indivisible et impérissable, et heurs de midy, par devant moy Vincent Vachette, manbre du Conseille généralle de la commune..... élu le 26 frimaire dernier pour rédiger les actes de décet », etc.

23 janvier. — Secours aux pères des défenseurs de la patrie, dont listes. André Dumont encourageait cette œuvre.

26 janvier. — André Dumont sera invité à faire élargir Ladvocat, L'Escalopier, etc.

11 mars. — Arrêté farouche d'André Dumont sur les accaparements.

16 mars et mois suivants. — Réquisitions du citoyen Charlot, agent national.

11 avril. — Adresse grotesque à la Convention nationale.

20 juin. — Visite du citoyen Etienne Girardin pour approvisionnements de Paris « en beurs et en œuf ».

30 avril et 1er mai. — Lettres de « Charles François Boutroy, résident à Précy-sur-Oise, commissaire à la fabrication du salpêtre pour le canton de Creil. »

28 mai. — Refonte de la liste des pères des défenseurs de la patrie.

8 juin. — « Fête pour rendre hommage due à l'Etre suprême ». Jour sans culottide « ou 5e jour complémentaire, nous réuni au temple de l'Etre suprême, avons célébrer par des chants civiques et d'allégresse et de reconnoissance des dons de la nature et de la production de l'auteur de la nature. »

3 novembre. — « Le citoyen Bruyer, agent national du cheflieu de canton de Creil et ingénieur du canal de Dieppe, est nommé pour faire le partage » des biens communaux.

1795

Le 12 janvier. — « Registre nouveau destiné aux enregistrements particuliers et ordinaires de la commune de S. Leu Desserens ». Ce registre complète utilement celui auquel nous avons emprunté jusqu'ici.

27 mars. — Plaintes multiples. Citons celle-ci : « Vendredy dernier, Germain Dumondel, jardinier chez le citoyen Pierre Pinet, après midy, sortant, vieux style, du temple de la raison de ce lieu, fut très surpris de se voir assailly par le nommé Pierre Cugnière le jeune, lequel s'emparant du chapeau du dit plaignant en arracha la cocarde et la jeta au vent avec menaces très injurieuses ».

29 mars. — Certificat de résidence d'Anne-Joachim-Régis L'Escalopier, d'Elisabeth-Victoire Fredy, femme du précédent, de Louis-César-Auguste Ladvocat et d'Anne-Louise-Sophie Quatré, épouse du précédent.

A cette fin de mars, misère croissante, car bientôt le pays comptera « six cents personnes sans pain » ; colères ; menaces : « mourir de faim ou se porter à des extrêmités illicites, il est vrai, mais nécessitées par le besoin irritable de nature » ; courses des commissaires pour se procurer du grain.

22 juin. — Un détachement du 3ᵉ dragons se rend de Senlis à Port de Saint-Leu « à l'effet de maintenir l'ordre » aux déchargements.

Septembre introduit dans l'an IV au milieu des mêmes embarras.

1800.

Floréal de l'an VIII (1800) amènera brusquement « la déclaration prescrite par la loy du 23 nivose dernier » de Louis-César-Auguste Ladvocat, maire ; de Claude Germain, le jeune, en attendant que, le 29 avril 1808, le même Claude Germain promette fidélité à l'Empire...

PIÈCE JUSTIFICATIVE

Du treize avril mil huit cent sept à midy.

Acte de décès de M. Jacques-Marie Roland, prêtre, âgé de 76 ans, domicilié rue du Chat-Héret, mort ce matin à 3 heures en son domicile.

Sur la déclaration de Jacques Grout, épicier, et Louis-Antoine Collaye, tapissier, tous deux majeurs, domiciliés à Senlis.

Constaté par le maire officier de l'Etat-civil du dit Senlis, et ont les déclarans signé avec moi.

    Pommeret,   Grout,   Collaye.

(Extrait des Registres de décès de Senlis.)

APPENDICE

Tout ce qui précède était déjà imprimé lorsque je reçus de mon très obligeant confrère de la Société Académique de l'Oise, M. L. Thiot, communication du document suivant, par lui découvert aux Archives de l'Oise. Ce document aide à mieux connaître les physionomies du notaire Levasseur et des deux Boursier. Le premier s'y révèle comme un vil opportuniste qui joue l'air à la mode ; les seconds paraissent des caractères faibles et étourdis. Voici ce document ; les points indiquent des mots illisibles :

« *Dénonciation. — Mesure de sûreté générale.*

« Ce jourd'huy vingt trois septembre mil sept cent quatre-vingt-treize, l'an second de la République française, une et indivisible,

« Moy, Levasseur, notaire public du département de l'Oise, et juge de paix du canton extérieur de Chantilly, reçu à la Société populaire de son canton,

« Déclare publiquement et comme vérité, qu'à sa résidence de Saint-Leu il existe deux frères nommés Boursier, curé et vicaire du pays, lesquels n'ont, dans aucun tems de la Révolution, justifié d'aucun civisme, ni en outre aucunes actions de charité ni d'humanité, qu'ils n'ont cessé par leurs discours diffamatoires de faire diminuer la confiance duë à la Nation, qu'ils n'ont cessé également de faire prier pour les princes chrestiens et la famille royalle ;

« Que Boursier, curé ...... portant la parole .... (a dit) que tous les députés qui avoient voté la mort du roy périroient sur l'échafaud, et que pareille chose étoit arrivée en Angleterre, et que c'étoit infaillible pour la France ;

« Que les dits Boursier frères ne s'étant jamais montrés, ils peuvent devenir à craindre dans leur commune où ils ont toujours prêché l'anarchie ; qu'en dominant tous les principes de l'ancien régime, ils sont parvenus à solliciter le C. Maire pour prêter un nouveau serment le jour d'hier et former un parti pour faire signer jusqu'aux femmes et filles du pays une attestation qu'ils ignorent encore.

« Je déclare encore, au nom de la deffense républicaine, et comme mesure de sûreté générale, qu'il est de la première importance de suivre la dénonciation déjà faite au Comité de salut public relative aux d. curé et vicaire ;

« Qu'il existe audit Saint Leu deux individus qui ont ci-devant joui des prérogatives de la noblesse, que l'un est adjudant-général et l'autre chef de légion du district, que je m'en rapporte à la prudence des corps constitués à cet égard ;

« Que le citoyen d'Avrange d'Ageranville, propriétaire de la terre de Précy, etc. ;

« Qu'à Gouvieux, qui dépend, etc.

« Ces mesures suivies ne manqueront pas d'opérer les plus grands succès, et j'en atteste la preuve en face de mes frères.

« En foy de quoy j'ay lu et signé la présente dénonciation pour y être fait droit conformément à la loi. — Levasseur. — Reçu le 2 octobre au soir. »

Imprimerie départementale de l'Oise, 15, rue des Flageots, Beauvais.